Dr. Heidemarie Langner

Clevere Tipps für die Geschäftskorrespondenz

Bestell-Nr. 961

u-form Verlag · Hermann Ullrich GmbH & Co. KG

Du hast Fragen, Anregungen oder Kritik zu diesem Produkt?

Das u-form Team steht dir gerne Rede und Antwort.

Einfach eine kurze E-Mail an

feedback@u-form.de

4. Auflage 2024 · ISBN 978-3-95532-961-7

Alle Rechte liegen beim Verlag bzw. sind der Verwertungsgesellschaft Wort, Untere Weidenstr. 5, 81543 München, Telefon 089 514120, zur treuhänderischen Wahrnehmung überlassen. Damit ist jegliche Verbreitung und Vervielfältigung dieses Werkes – durch welches Medium auch immer – untersagt.

 © u-form Verlag | Hermann Ullrich GmbH & Co. KG
Cronenberger Straße 58 | 42651 Solingen
Telefon: 0212 22207-0 | Telefax: 0212 22207-63
Internet: www.u-form.de | E-Mail: uform@u-form.de

Vorwort

Vielleicht fragen Sie sich: Warum sollte ich mir die Mühe machen, dieses Heft durchzulesen?

Die Antwort ist einfach: Weil die Art, wie Sie schreiben, eine Visitenkarte ist, ein Stück Selbstdarstellung. Sie sagt etwas über Sie als Person aus und beeinflusst auch die Meinung über die Firma oder Behörde, in deren Namen Sie schreiben. Unternehmen leben von guten und dauerhaften Beziehungen zu Kunden und Geschäftspartnern. Und diese Beziehungen werden zu einem großen Teil über die Korrespondenz geführt.

Ich möchte Sie auf den folgenden Seiten dazu einladen, sich genauer mit dem Schreiben von Briefen und E-Mails zu befassen. Sie werden viele Anregungen und Tipps finden, mit deren Hilfe Sie Ihren Briefstil verbessern können.

Es lohnt sich am eigenen Schreibstil zu arbeiten. Die Fähigkeit, verständlich und informativ zu schreiben, wird Ihnen in Ihrem gesamten Berufsleben Pluspunkte einbringen.

Achtung!

Sollte es für diesen Praxisratgeber Aktualisierungen oder Änderungen geben, können Sie diese herunterladen unter

www.u-form.de/addons/961-2024.pdf

Ist diese Seite nicht verfügbar, so sind keine Änderungen eingestellt!

Inhaltsverzeichnis

	Seite
1. Schreiben Sie formal korrekt – nach DIN 5008	7 – 26

- Briefaufbau
- Briefkopf, Anschriftfeld, Informationsblock
- Betreff
- Anrede
- Text
- E-Mails
- Zahlen
- Typographisches
- Clevere Tipps

2. Gliedern Sie Ihren Text gut — 27 – 38

- Betreff
- Briefbeginn
- Inhaltliche Gliederung
- Briefende
- Clevere Tipps

3. Schreiben Sie empfängerorientiert — 39 – 49

- Briefe beantworten
- Wir oder Sie?
- Positive Einstellung
- Freundlichkeit
- Clevere Tipps

4. Schreiben Sie verständlich und kurz — 51 – 65

- Fachbegriffe und Abkürzungen
- Überflüssiges weglassen
- Klarer, einfacher Satzbau
- Positive Formulierungen
- Clevere Tipps

Inhaltsverzeichnis

Seite

5. Schreiben Sie klar und floskelfrei   67 – 77
- Vermeiden Sie „Papierdeutsch"
- Konjunktiv
- Verben und Nomen
- Persönliche Anrede
- Aktiv und Passiv
- Clevere Tipps

6. Checkliste: Das Wichtigste auf einen Blick   78 – 80

Hinweis:

In diesem Buch wird aus Gründen der Lesbarkeit auf die Verwendung geschlechtergerechter Sprache verzichtet. Selbstverständlich sind immer alle Geschlechter gleichermaßen gemeint. Egal, ob die männliche, weibliche oder eine andere Form verwendet wird – jede Person ist einbezogen und angesprochen.

1

Schreiben Sie formal korrekt

Schreiben Sie formal korrekt

Der erste Eindruck, also das, was der Empfänger zuerst wahrnimmt, wenn er Ihren Brief bzw. Ihre E-Mail öffnet, ist die äußere Form. Es versteht sich von selbst, dass die Schrift gut lesbar sein (Schriftgröße 10 oder 12 Punkt) und das Schriftbild insgesamt eine angenehme Optik haben sollte. Ein gutes Schriftbild macht es dem Empfänger leichter, den Brief zu lesen, ein schlechtes kann die Lust schon zu Beginn nehmen.

Hier ist es vor allem wichtig, mit Absatzbildung und Aufzählungen „Luft" in längere Text zu bringen, über diese Punkte werden wir in Kapitel 2 noch genauer sprechen.

Briefaufbau

Die DIN 5008 des Deutschen Instituts für Normung legt fest, wie ein Geschäftsbrief auszusehen hat: Seitenränder, Abstände und Positionen der einzelnen Briefelemente werden genau geregelt. Das ist sinnvoll für alle Leute, die viel Schriftverkehr zu erledigen haben. So lassen sich Informationen schnell finden und einordnen.

Die DIN 5008 enthält Empfehlungen, sie ist kein Gesetz. Auch wenn sich die meisten Unternehmen und Behörden an ihr orientieren, ist die Briefgestaltung letztlich die persönliche Entscheidung des Schreibenden.

Die DIN 5008 unterscheidet zwei Typen von Geschäftsbriefen. Der Unterschied liegt in der Höhe für den Briefkopf. Bei Form A wird über dem Anschriftfeld mit Rücksendeangabe 2,7 cm, über dem Informationsblock 3,2 cm Platz gelassen. Bei Form B gibt es mehr Platz für die Gestaltung des Briefkopfes: 4,5 cm über dem Anschriftfeld mit Rücksendeangabe (für Fensterbriefumschläge) und 5 cm über dem Informationsblock.

Schreiben Sie formal korrekt

Vordruck Geschäftsbrief A4, Form A, DIN 5008 (verkleinert)

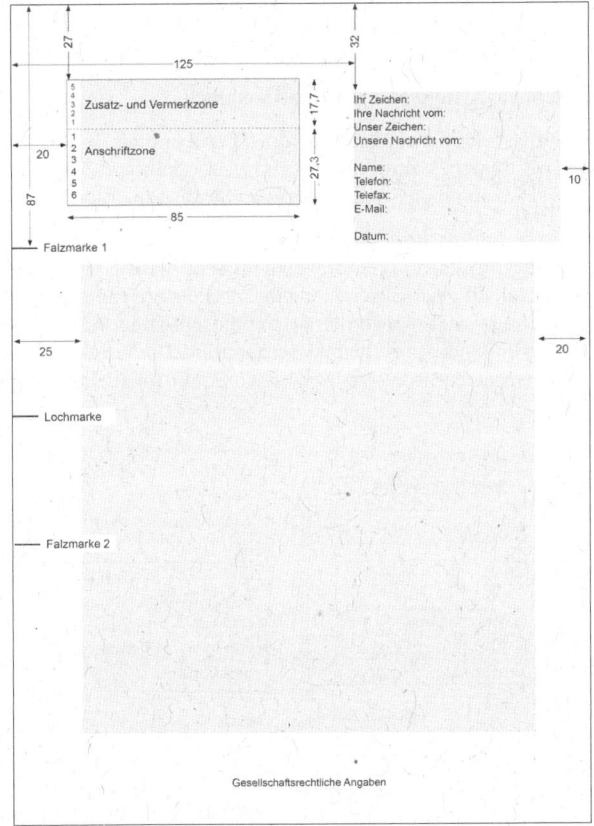

Schreiben Sie formal korrekt

Unabhängig von Form A oder B wird auf der linken Seite neben dem Text 2,5 cm Platz gelassen, damit der Brief problemlos gelocht werden kann. Auf der rechten Seite lässt man 2 cm zwischen Text und Papierrand frei.

Briefkopf, Anschriftfeld und Informationsblock

Der Briefkopf ist normalerweise vorgedruckt und enthält die Absender-Daten wie Namen, Anschrift, außerdem weitere Informationen wie Telefon- und Faxnummer, E Mail-Adresse und Website.

Darunter folgt das Anschriftenfeld. Es besteht aus 11 Zeilen, 6 Zeilen für die eigentliche Anschrift (Empfehlung für Schriftgröße 11 Punkt), darüber 5 Zeilen für die Rücksendeangabe (also die Absender-Adresse), postalische Zusätze und Vermerke (z. B. Einschreiben, Warensendung) – alles in mindestens 8 Punkt Schriftgröße. Die Angaben stehen ohne Leerzeilen. (Die Leerzeile zwischen Straße und Ort ist nicht mehr üblich.)

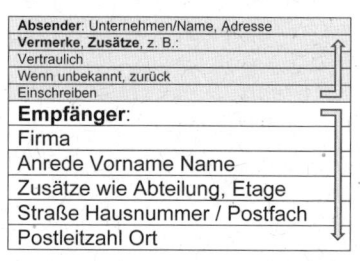

Zusatz- und Vermerkzone
Höhe 1,77 cm
von unten nach oben beschriften

Anschriftzone
Höhe 2,73 cm
von oben nach unten beschriften

Schreiben Sie formal korrekt

Männer werden mit „Herr**n**" angesprochen, nur in der Schweiz heißt es „Herr". Bei zwei Adressaten steht die Frau zuerst.

Beispiele:

Buchhandlung Kern, Liebigstraße 30, 04187 Leipzig
Büchersendung
Wenn unzustellbar, bitte mit neuer Anschrift zurück
Firma Meier und Söhne
Frau Hannah Kühn
Personalabteilung
Postfach 45 58 91
04109 Leipzig

Großmann AG, Goethestraße 23, 20355 Hamburg
Herrn Kevin Born
Steinweg 3
90365 München

Schreiben Sie formal korrekt

Wenn Sie jemanden dienstlich anschreiben, steht der Name des Ansprechpartners unter der Firma. Die umgekehrte Reihenfolge – also erst der Name des Empfängers und danach der Firmenname – bedeutet, dass der Brief persönlich ist und von niemand anderem geöffnet werden darf. Allerdings: Wenn Sie ganz sicher sein wollen, setzen sie besser das Wort „Persönlich" in die Vermerkzone.

Körner GmbH, Slabystraße 57, 12365 Berlin
Hans Schneider OHG
Frau Fatima Ozan
Kastanienallee 3
20459 Hamburg

Körner GmbH, Slabystraße 57, 12365 Berlin
Persönlich
Frau Fatima Ozan
Hans Schneider OHG
Kastanienallee 3
20459 Hamburg

Schreiben Sie formal korrekt

Wie schreibt man Straßennamen?

- **Getrennt und groß** wird geschrieben, wenn der erste Teil
  - ein verändertes Adjektiv (Eigenschaftswort) ist:
    Neuer Weg, Schmaler Graben, Lange Straße
  - von Orts- und Ländernamen mit der Endung „-er" abgeleitet wird:
    Berliner Brücke, Münchener Straße, Oberstdorfer Weg
    (aber nicht, wenn die Namen zufällig auf -er enden:
    Herderstraße, Karmelitergasse)

- **Zusammen** wird geschrieben, wenn der erste Teil
  - ein einfaches Substantiv (Hauptwort) oder ein Name ist:
    Goethestraße, Winkelgasse, Schlossallee
  - ein einfaches Adjektiv (Eigenschaftswort) ist:
    Steilhang, Grüngasse, Neumarkt

- **Mit Bindestrich** werden von mehrteiligen Namen abgeleitete Straßennamen geschrieben:
  Karoline-von-Günderode-Allee,
  Rosa-Achenbach-Straße

Schreiben Sie formal korrekt

Bei Briefen ins Ausland werden Ort und Land in Großbuchstaben geschrieben. Der Ort sollte möglichst in der Landessprache geschrieben werden. Das Land steht in der letzten Zeile und wird auf Deutsch geschrieben, denn die Zuordnung erfolgt ja noch im Inland.

Die früher übliche Länderkennzeichnung (z. B. F für Frankreich, A für Österreich) wird nicht mehr benutzt.

Körner GmbH, Slabystraße 57, 12365 Berlin
Monsieur Jacque Dupont
10, rue des Moulins
67000 STRASBOURG
FRANKREICH

Körner GmbH, Slabystraße 57, 12365 Berlin
Rieder AG
Zentrale Entwicklung
Herrn Gerd Porzig
Mariahilfer Straße 11
1070 WIEN
ÖSTERREICH

Informationsblock

Der Informationsblock bietet einen guten Überblick über wichtige Informationen zum Absender. Er steht rechts neben dem Anschriftfeld, beginnt auf der Höhe der Zusatz- und Vermerkzone und steht 12,5 cm vom linken Blattrand. Enthalten sind Bezugszeichen (z. B. „Ihr Zeichen", „Ihre Nachricht vom" usw.), Kommunikationsangaben („Name", „Telefon" usw.) und das Datum. Die Angaben sollten sinnvoll durch Leerzeilen gegliedert werden.

Schreiben Sie formal korrekt

Für das **Datum** wird in der aktuellen DIN 5008 die internationale Schreibweise empfohlen, also:

Jahr-Monat-Tag

- 2024-05-02
- 2024-12-19

Im deutschsprachigen Raum ist die Variante mit den Punkten üblicher:

Tag.Monat.Jahr

- 02.05.2024
- 19.12.2024

Auch die sogenannte alphanumerische Schreibweise des Datums ist üblich, dabei steht keine führende „0" bei einstelligen Tagen. Vor und hinter dem Monat steht ein Leerzeichen.

- 6. Mai 2024
- 19. Dezember 2024
- 19. Dez. 2024

Betreff

Der Betreff ist eine stichwortartige Inhaltsangabe und dient der schnellen Orientierung, worum es im vorliegenden Schreiben überhaupt geht. Er sollte möglichst kurz sein, aber die wichtigsten Informationen enthalten. Beispiele und Erklärungen zur Formulierung von Betreffzeilen finden Sie im Kapitel 2. Das erste Wort wird immer großgeschrieben, es steht kein Punkt dahinter.

Der Betreff steht zwei Zeilen unter dem Anschriftfeld. Betreffzeilen, die vertrauliche Daten enthalten, dürfen bei Nutzung von Fensterbriefumschlägen auch ein bis zwei Zeilen nach unten verschoben werden.

Schreiben Sie formal korrekt

In Briefen von Privatpersonen wird der Bezug, also Angaben zum Schreibanlass, Referenznummern, Kürzel u. Ä. meistens in der Betreffzeile untergebracht. Wer möchte, kann die Betreffzeile durch Fettdruck hervorheben (Unterstreichung ist nicht üblich).

Anrede

Die Anrede folgt mit zwei Zeilen Abstand auf den Betreff.

Gerade, wenn man die Ansprechpartner nicht gut kennt, kann man mit der Standardanrede nichts falsch machen:

- Sehr geehrte Frau König,
- Sehr geehrter Herr Altemis,
- Sehr geehrte Damen und Herren,

In der neuen DIN 5008 wird zusätzlich eine geschlechtsneutrale Variante vorgeschlagen:

- Sehr geehrte Persönlichkeiten,

Ob sich diese Variante durchsetzt, bleibt abzuwarten.

Etwas moderner klingt die folgende, auch häufig genutzte Anrede:

- Guten Tag[,] Frau König,
- Guten Tag[,] Herr Altemis,

Es ist Ihre Entscheidung, ob Sie ein Komma hinter „Guten Tag" setzen. Die vertrauliche Anrede mit „Liebe(r)…" oder „Hallo…" ist auch korrekt, man sollte sie aber nur dann wählen, wenn man die angesprochene Person gut kennt. Grundsätzlich ist es besser eher etwas zu förmlich als zu schnell zu persönlich zu schreiben.

Schreiben Sie formal korrekt

Liebe Frau König,
Lieber Herr Altemis,
Hallo[,] Frau König,
Hallo[,] Herr Altemis,

Amtstitel werden in die Anrede mitaufgenommen:

- Sehr geehrter Herr Polizeipräsident,
- Sehr geehrte Frau Bürgermeisterin,
- Sehr geehrter Herr Landrat,

Falls es mehrere Adressaten gibt, werden sie untereinander aufgeführt. Derjenige mit der ranghöchsten Stellung wird zuerst genannt. Bei gleichrangigen Personen nennt man Frauen zuerst, ansonsten wird alphabetisch geordnet.

Text

Nach einer Leerzeile Abstand folgt auf die Anrede der Text. Die Anrede wird durch ein Komma abgeschlossen, der folgende Text beginnt daher mit einem kleinen Buchstaben. Das gilt natürlich nicht, wenn das erste Wort ein Anredepronomen in der Sie-Form (z. B.: **Ihre** Nachricht habe ich mit Freude gelesen) oder ein Substantiv oder Name (z. B. **Herr Meier** hat mir Ihr Angebot weitergeleitet) ist.

In der Regel wird einzeilig geschrieben, wobei zwischen Absätzen eine Zeile Abstand eingefügt wird. Bei sehr kurzen Texten kann es allerdings sinnvoll sein, den Zeilenabstand etwas größer zu gestalten. Üblicherweise wird in der Geschäftskorrespondenz der Text im Flattersatz ausgerichtet, die Zeilen am rechten Rand sind also unterschiedlich lang, der Rand „flattert". Das ergibt gerade bei kurzen Texten einfach ein angenehmes Schriftbild.

Schreiben Sie formal korrekt

Der Blocksatz (der rechte Rand ist eine gerade Linie, wie in diesem Buch) ist eher für längere Texte geeignet und wird meist in Zeitschriften und Büchern angewandt.

Grußformel

Zwischen Text und Grußformel steht wieder eine Leerzeile. Die Standardgrußformeln lauten:

- Mit freundlichen Grüßen
- Mit freundlichem Gruß
- Freundliche Grüße
- Viele Grüße

Je nach Empfänger kann man auch persönlichere Varianten wählen:

- Sonnige Grüße
- Vorweihnachtliche Grüße
- Sommerliche Grüße nach Köln
- Freundliche Grüße aus Dresden
- Mit den besten Wünschen für ein schönes Wochenende

Nur bei gut bekannten Adressaten sollte man auch persönlichere Formen nehmen:

- Liebe Grüße
- Herzliche Grüße

Falls der Firmen- oder Behördenname noch erscheinen soll, wird er mit einer Leerzeile Abstand unter die Grußformel gesetzt. In der Regel lässt man drei Leerzeilen für die Unterschrift, der Name sollte dann noch einmal maschinenschriftlich wiederholt werden.

Falls mit dem Schreiben weitere Unterlagen versandt werden, sollten diese auf jeden Fall in einem Anlagenvermerk aufgeführt werden.

Schreiben Sie formal korrekt

Dieser hat mindestens drei Leerzeilen Abstand zur Grußformel und kann auch auf die rechte Briefseite geschrieben werden. Mit einer Zeile Abstand folgt der Verteilervermerk. Er listet auf, an wen Kopien des Schreibens innerbetrieblich weitergeleitet werden. Falls kein Anlagenvermerk benötigt wird, steht der Verteilervermerk an dessen Position.

> Freundliche Grüße
> Hans Schneider OHG
> *F. Ozan*
> Fatima Ozan
> **Anlage und Verteiler**

E-Mails

Der weitaus größte Teil der Geschäftskorrespondenz wird als E-Mail verschickt, womit viele Vorteile verbunden sind. Die E-Mail ist unschlagbar schnell und kostengünstig. Man kann unterschiedlichste Dateien als Anhang verschicken und problemlos aus dem Text einer anderen E-Mail zitieren und beispielsweise so direkt auf Fragen und Anmerkungen eingehen.

In den letzten Jahren gab es einen sprunghaften Anstieg der Schreibaktivität in Sozialen Medien. Mit der Nutzung von Messengerdiensten wie WhatsApp und Signal, SMS, Chats, Kommentarfunktionen im Netz usw. haben sich viele Leute an andere Standards der Schriftsprache gewöhnt. Die Kommunikation orientiert sich eher an der Mündlichkeit, es wird wenig Wert auf Rechtschreibung und Grammatik gelegt und viel mit Emoticons ;-), Emojis ☺ und Abkürzungen gearbeitet. Was im privaten Bereich angemessen ist, kann allerdings im beruflichen Kontext völlig unpassend sein.

Schreiben Sie formal korrekt

Grundsätzlich gibt es in der Geschäftskorrespondenz, was die Formulierung angeht, keinen Unterschied zwischen E-Mail und Brief. Achten Sie also genauso wie beim Papierbrief auf Anrede, Grußformel, Textgestaltung und Rechtschreibung. Laut DIN 5008 sollen Emoticons und Emojis im geschäftlichen Umfeld nur sparsam verwendet werden und bei Erstkontakten gar nicht. Geregelt ist sogar, dass Emoticons keine Satzzeichen ersetzen. Wenn sie sich auf den gesamten Satz beziehen, sollten sie nach dem Schlusspunkt stehen. ☺

Außerdem sollte der Text einzeilig geschrieben sein und zwischen den Absätzen jeweils eine Leerzeile stehen. Bezugszeichen und andere Angaben können Sie in eine E-Mail aufnehmen, wenn dies sinnvoll ist. Schreiben Sie diese an den Anfang der E-Mail und fügen Sie dann zwei Leerzeilen ein, bevor Sie die Anrede schreiben. Wenn man eine bestimmte Person anschreiben will, kann man das mit dem @-Zeichen machen, dabei sollte ein Leerzeichen dahinterstehen: @ Maike Müller.

Trotz verschiedener Sicherheitsmaßnahmen können mit E-Mails Sicherheitsrisiken verbunden sein. Sensible Daten sollten Sie sicherheitshalber nicht mit „normalen" E-Mails verschicken, sondern über verschlüsselte Verfahren – oder mit der Post, ebenso alle Aussagen, die verbindlichen Charakter haben (Verträge, Widerrufe, Kündigung).

Schreiben Sie formal korrekt

Als Geschäftsbriefe formulierte E-Mails müssen die gesetzlich vorgeschriebenen Pflichtangaben der jeweiligen Unternehmensform enthalten. Diese nach Handelsgesetzbuch vorgeschriebenen Angaben stehen in der Signatur unter der Grußformel.

Immer angegeben werden müssen:

- Firma mit Rechtsform
- Ort der Handelsniederlassung
- zuständiges Registergericht
- Handelsregisternummer

Bei bestimmten Gesellschaftsformen sind weitere Angaben erforderlich (wie bei den Geschäftspapieren):

- Bei einer GmbH sind alle Geschäftsführer mit Familiennamen und mindestens einem Vornamen aufzuführen.
- Bei einer Aktiengesellschaft ist neben den Vorständen auch der Vorsitzende des Aufsichtsrats zu nennen (Vor- und Familiennamen). Dasselbe gilt für eine GmbH mit Aufsichtsrat.

Schreiben Sie formal korrekt

Was heißt eigentlich Cc und Bcc?

Beim Versenden einer E-Mail haben Sie die Möglichkeit, neben dem eigentlichen Empfänger im Feld „An/To" noch weitere Empfänger in die Felder „Cc" und „Bcc" einzutragen. Cc bedeutet „Carbon copy". Übersetzt heißt das „Kohlepapierkopie", ein Ausdruck aus einer Zeit, wo man mit der Schreibmaschine Durchschläge machte, um Kopien zu bekommen. Jeder in diesem Feld eingetragene Empfänger erhält eine Kopie der E-Mail, das ist auch für die anderen Empfänger sichtbar.

Bcc bedeutet „Blind carbon copy". Die Übersetzung lautet „Blinde Kohlepapierkopie". Wenn Sie in diesem Feld eine oder mehrere E-Mail-Adressen eintragen, erkennen die anderen Empfänger (aus den Feldern „An" und „Cc") nicht, dass Sie die E-Mail auch an diese Personen geschickt haben. Diese Funktion wird häufig auch aus datenschutzrechtlichen Gründen genutzt.

Überlegen Sie sich immer gut, an welche Adressaten Sie Kopien schicken. Gerade bei Gruppen-E-Mails klickt man oft automatisch auf „Allen antworten". Aber ist die Antwort wirklich für alle Empfänger interessant? Viele sind überlastet mit der großen Menge an elektronischer Post und man kann manchen Leuten unnötige Arbeit ersparen, wenn man sie mit Kopien verschont.

Schreiben Sie formal korrekt

Akronyme (Abkürzungen)

In der digitalen Kommunikation werden oft englische Abkürzungen verwendet. Sie selbst sollten sie nur benutzen, wenn Sie ganz sicher sind, dass der Empfänger sie kennt und den lockeren Stil nicht übel nimmt.

ASAP	as soon as possible (so bald wie möglich)
AFAIK	as far as I know (so viel ich weiß)
BTW	by the way (übrigens)
CUL	see you later (wir sehen uns später)
FAQ	frequently asked questions (häufig gestellte Fragen)
FYI	for your information (zu deiner/Ihrer Information)
IDK	I don't know (ich weiß es nicht)
IMO	in my opinion (meiner Meinung nach)
OTOH	on the other hand (andererseits)
POV	point of view (Gesichtspunkt)
TBD	to be done (noch zu erledigen) oder: to be defined (wird noch festgelegt)

Schreiben Sie formal korrekt

Zahlen

Zahlen mit mehr als **vier** Stellen **in Fließtexten** werden mit einer Leerstelle geteilt, also schreibt man 7000, aber 70 000 oder 700 000. Falls unter der vierstelligen Zahl eine Zahl mit mehr Ziffern steht (z. B. in einer Tabelle), dann wird ausnahmsweise auch die vierstellige Zahl gegliedert. Die übliche Aufteilung ist von rechts beginnend in Dreiergruppen, z. B.: „Eine Stadt mit 23 456 748 Einwohnern."

Bei **Geldbeträgen** ist die Schreibung mit Punkt üblich, z. B.: „Das kostet 7.076,90 €." Bei Zahlen ohne Nachkommastellen kann man insbesondere in Fließtexten das Komma und die folgenden Nullen weglassen, z. B.: „Das wird etwa 12.500 EUR kosten." Man darf € oder EUR als Währungskennzeichnung schreiben.

Telefonnummern werden durch Leerzeichen aufgeteilt (Land Ort Anschluss), z. B. +49 30 902955763. Das Pluszeichen vor der Ländervorwahl wird empfohlen, 00 ist aber auch möglich. Eine Durchwahl wird mit einem Bindestrich (Minus-Zeichen) angefügt:
030 27133897-2655.

Lange Telefonnummern dürfen weiter gegliedert werden, wenn es die Lesbarkeit fördert. Unterschiedliche Nummern (Festnetz, Mobilfunk, Faxnummer) sollen durch entsprechende Symbole oder Texte gekennzeichnet werden.

Typographisches (Die Gestaltung von Schrift)

Hervorhebungen in Texten sollten durch Fettdruck gekennzeichnet werden. Unterstreichungen sind nicht erwünscht, weil das oft die Lesbarkeit beeinträchtigt.

Wenn Sie aus fremden Texten zitieren und etwas weglassen, müssen 3 **Auslassungspunkte** in eckige Klammern gesetzt werden: [...]

Schreiben Sie formal korrekt

Leerzeichen stehen vor und hinter Sonderzeichen oder Abkürzungen, wenn sie ein ganzes Wort ersetzen

- **in mehrteiligen Abkürzungen (sieht man oft falsch)**
  z. B. = zum Beispiel
  i. V. = in Vollmacht
  u. a. = unter anderem

- **in abgekürzten oder mehrteiligen Namen:**
  Herr M. Meier
  Gertrud von Le Fort
  St. Peter-Ording

- **bei Währungseinheiten**
  70 €
  500 $

- **bei Maßeinheiten, mathematischen Zeichen:**
  15 cm
  300 g
  17 °
  20 %

- **beim Paragraphenzeichen:** § 17

Die DIN 5008 empfiehlt, in solchen Fällen ein geschütztes Leerzeichen zu schreiben, um zu verhindern, dass der Ausdruck am Zeilenende getrennt wird.

Außerdem sollte man laut DIN 5008 unschöne und missverständliche Trennungen am Zeilenende vermeiden. Der geschützte Bindestrich verhindert, dass Wörter wie E-Mail, T-Shirt, X-Achse, pH-Wert, 7-mal, U-Bahn an der Bindestrichstelle getrennt werden. Durch den bedingten Trennstrich werden missverständliche Trennungen wie Spargel-der (statt Spar-gelder), Bauer-wartungsland (statt Bau-erwartungsland),

Schreiben Sie formal korrekt

bein-halten (statt be-inhalten) vermieden. Fügen Sie da, wo das Wort getrennt werden soll, den bedingten Trennstrich ein.

Erzeugung geschützer/bedingter Zeichen		
Leerzeichen	Windows:	[STRG] + [SHIFT] + [Leertaste]
	Mac:	[ALT] + [Leertaste]
Bindestrich	Windows:	[STRG] + [SHIFT] + [Bindestrich]
	Mac:	[CMD] + [SHIFT] + [Bindestrich]
Trennstrich	Windows:	[STRG] + [-]
	Mac:	[CMD] + [-]

Ein einzelner Schrägstich wird ohne Leerzeichen davor und dahinter geschrieben:

- Frankfurt/Main
- Geschäftsjahr 2023/24
- 100 km/h
- 2/3 des Betrages

Bei der Trennung von Wortgruppen darf ein Leerzeichen stehen:

- Warengruppe 3 / Warengruppe 4
- Ende 2023 / Anfang 2024

Clevere Tipps:

✓ Denken Sie daran, dass Sie mit jedem Brief und jeder E-Mail Ihr Unternehmen bzw. sich selbst nach außen darstellen.

✓ Kontrollieren Sie, ob Ihr Text der DIN 5008 entspricht.

✓ Achten Sie auf ein angenehmes Schriftbild.

Gliedern Sie Ihren Text gut

Gliedern Sie Ihren Text gut

Was genau will ich mit meinem Brief, meiner E-Mail erreichen? Sich diese Frage zu stellen, ist ein guter Einstieg. Die beabsichtigten Ziele können ganz konkret sein, z. B. möchte man den Empfänger zu einem bestimmten Verhalten bewegen, vielleicht eine Rechnung zu zahlen oder einen Auftrag zu erteilen. In anderen Fällen geht es beispielsweise darum, Informationen zu geben oder anzufordern.

Neben solchen direkten Zielen gibt es auch immer indirekte Ziele auf der emotionalen Ebene. So möchte man vielleicht, dass der Empfänger seine Haltung zu unserem Unternehmen, zu unseren Produkten und Dienstleistungen oder zu einem bestimmten Angebot verändert. Er soll – *natürlich* – eine positive Einstellung gewinnen. Manchmal geht es auch einfach darum, eine gute Geschäftsbeziehung aufrecht zu erhalten. Achten Sie darauf, Ihre Zielvorstellung beim Schreiben nicht aus den Augen zu verlieren.

Der Betreff

An vielen Arbeitsplätzen erhalten die Mitarbeiter tagtäglich unzählige E-Mails. Damit sie die Nachrichten schnell einordnen können, ist ein aussagekräftiger Betreff enorm hilfreich. Auch bei Briefen auf Papier ist es wichtig, den Betreff mit einer griffigen, informativen Aussage zu gestalten.

Unklare Beschreibungen oder einzelne Wörter, die vieldeutig ausgelegt werden können, sind da nicht hilfreich. Also bitte möglichst konkret schreiben. Einige Beispiele:

Gliedern Sie Ihren Text gut

☺ Malerarbeiten
☺ Malerarbeiten in unseren Büros am 07.06.

☺ Messeangebot
☺ Gespräch vom 13.10. auf der Aluminium-Messe

☺ Bewerbung
☺ Initiativbewerbung als Junior Web Developer

☺ Bestellung
☺ Ihre Bestellung vom 18.05.; Bestell-Nr. 1357

☺ Betriebsratssitzung
☺ Betriebsratssitzung, Termin auf Mittwoch 10 Uhr verschoben

☺ Angebot
☺ Unser Angebot für Küchenmaschinen vom 17.04.

Man muss auch nicht übertreiben, im Normalfall muss der Betreff nicht den ganzen Text ersetzen. Statt: „Stellungnahme zu Ihrem Angebot über Rasenmäher vom Typ A 37 mit nicht ausreichend spezifizierten Lieferbedingungen" heißt es besser: „Ihr Angebot über Rasenmäher, Typ A 37". Mittlerweile werden auch im Geschäftsleben viele E-Mails auf Mobilgeräten geöffnet und dort könnten lange Betreffzeilen möglicherweise abgeschnitten werden.

In manchen Fällen kann es auch ausreichend sein, die ganze Information in den Betreff zu packen, z. B.: „Termin am 15.8. ist Ok". Das ist zeitsparend und praktisch, der Empfänger braucht die E-Mail nicht zu öffnen. An das Ende des Betreffs wird dann die Abkürzung „EOM" („End of Message") oder „NFM" („No further Message") gesetzt, damit klar ist, dass die E-Mail selbst leer ist.

Gliedern Sie Ihren Text gut

Der Aufbau

In der Schule lernt man, wie Aufsätze aufgebaut werden: Einleitung, Hauptteil, Schluss. Dieses einfache Schema lässt sich auf so ziemlich jeden Text übertragen, ist aber sicherlich noch etwas ausbaubedürftig.

Bei komplizierten Sachverhalten ist es sinnvoll, sich vorher Stichworte zu notieren, damit man den Überblick nicht verliert. Als Leitfaden können folgende Fragen dienen:

- Worum geht es?/Warum schreibe ich?
- Welche weiteren Informationen sind wichtig?
- Was folgt daraus?/Wie geht es weiter?
- Was werden wir tun?/ Was soll der Empfänger tun?

Der Briefbeginn

Ein positiver Beginn stimmt direkt freundlich, er gibt einen guten Einstieg, um die Beziehungsebene gut zu gestalten. Die Einleitung stellt in vielen Fällen einen Bezug auf vorhergehende Schreiben, Gespräche oder Begegnungen her. Häufig lässt sich der Beginn als einfache Danksagung formulieren.

Vielen Dank für Ihre(n) Auftrag/Anruf/Anfrage

Eine weitere gute Möglichkeit ist es, die Sichtweise des Empfängers zu spiegeln und mit dem Wörtchen „Sie" zu beginnen. So zeigen Sie, dass der Leser Ihnen wichtig ist, dass Sie sich auf ihn einstellen.

Fragen Sie sich, bevor Sie beginnen: Was hat der Empfänger für Sie getan, was möchte er von Ihnen?

Gliedern Sie Ihren Text gut

Briefe und E-Mails beginnen

- Sie bitten uns um die Zusendung von Informationsmaterial. Gerne senden wir Ihnen hiermit unser Programm.

- Sie interessieren sich für unsere Bohrmaschinen. Vielen Dank dafür.

- Sie möchten einen neuen Firmenprospekt erstellen lassen. Vielen Dank, dass Sie nach unseren Ideen fragen.

- Sie haben ein ausführliches Angebot erarbeitet. Herzlichen Dank dafür.

- Sie haben unseren Messestand besucht und sich für unsere Schneidemaschinen interessiert. Gerne senden wir Ihnen heute ein ausführliches Angebot zu.

- Sie bitten uns darum, den Rückstand in Raten zahlen zu dürfen. Mit diesem Vorschlag sind wir einverstanden.

- Sie bitten um eine Gebührenreduzierung. Aus folgenden Gründen können wir Ihre Bitte leider nicht erfüllen:

- Sie fragen, ob der Vertragsbeginn verschoben werden kann. Gerne folgen wir Ihrem Wunsch und legen hiermit den Vertragsbeginn auf den ...

- Sie wünschen, dass wir die Kosten für Ihren Kuraufenthalt übernehmen. Gerne würden wir Ihren Antrag abschließend bearbeiten ... Bitte senden Sie uns noch folgende Unterlagen zu: ...

Gliedern Sie Ihren Text gut

Vergleichen Sie selbst: Es klingt ganz anders – weniger engagiert –, wenn Sie mit dem Wörtchen „wir" beginnen:

- ☺ Wir beziehen uns auf Ihr Schreiben vom …
- ☺ Wir bedanken uns für Ihren Auftrag.

Der Anfang mit „Sie" ermöglicht Ihnen für unterschiedlichste Anlässe einen neutralen Einstieg. Gerade bei negativen Nachrichten fallen Sie besser nicht mit der Tür ins Haus und ebenso wenig sollten Sie den Brieftext mit einem Vorwurf beginnen:

- ☺ Leider können wir nicht ….
- ☺ Wie wir Ihnen in unserem letzten Schreiben bereits mitteilten, benötigen wir für die Bearbeitung Ihres Antrages noch folgende Unterlagen ….

Inhaltliche Gliederung

Die Einleitung steht, wie geht es jetzt weiter? Nun müssen die Dinge, die Sie mitteilen wollen, in eine sinnvolle, nachvollziehbare Reihenfolge gebracht werden. Es sollte ein roter Faden deutlich werden.

Das spiegelt sich auch in der äußeren Form wider. Ein übersichtliches, optisch angenehm aufbereitetes Schreiben wird gern gelesen. Es signalisiert: Diesen Brief kann man schnell verstehen. Eine gute äußerliche Gestaltung braucht vor allem „Luft im Text". Gestalten Sie kurze Texteinheiten. Als Faustregel gilt: Aus einer Sinneinheit (einem Thema, einem Argument) sollte ein Absatz gebildet werden. Zudem lässt bei längeren Absätzen die Konzentration nach.

Weiterhin ist es hilfreich, Gliederungswörter gezielt zu nutzen. Sie sind für den Leser wie Anker im Text.

Gliedern Sie Ihren Text gut

Gliederungswörter im Text, oft als Einleitung für einen Satz oder Absatz:

- zuerst, dann, danach, schließlich
- erstens, zweitens, drittens…
- einerseits, andererseits
- zum einen, zum anderen
- außerdem, weiterhin, zudem, darüber hinaus

Schlussfolgerung/Zusammenfassung:

- also, daher, darum, demnach
- folglich, aus diesem Grund, daraus folgt
- letztendlich
- zusammenfassend
- insgesamt
- alles in allem

Weitere Hilfsmittel beim Schreiben und Strukturieren sind Ankündigungen mit Doppelpunkt, Fragen und Aufzählungspunkte.

Ankündigung mit Doppelpunkt

- Der Grund:
- Unser Vorschlag:
- Der Termin:
- Hier ist unser Angebot:
- Der Vorteil für Sie:
- Bitte beachten Sie:
- Wir empfehlen Ihnen:
- Wichtiger Hinweis:

Gliedern Sie Ihren Text gut

Fragen

- Was können Sie tun?
- Was bedeutet das für Sie?
- Welchen Vorteil haben Sie?
- Wie könnte eine Lösung aussehen?
- Wie geht es weiter?
- Wie ist das weitere Vorgehen?

Fragen wirken auflockernd und haben den Vorteil, dass Sie den Leser zum Mitdenken anregen. Im Normalfall geben Sie die Antwort im Brief selbst. Es kann aber auch sinnvoll sein, eine Frage an das Ende des Briefes zu setzen, um so eine Antwort oder Stellungnahme herauszufordern.

- Was halten Sie von meinem Vorschlag?
- Wie gefällt Ihnen unser Programm?
- Sind Sie damit einverstanden?

Mit Aufzählungspunkten kann man Themen übersichtlich präsentieren. Oft erleichtert das auch das Formulieren, weil man in Aufzählungen keine ganzen Sätze bilden muss. Insbesondere bietet sich diese Form natürlich bei Auflistungen von Waren in Angeboten und Aufträgen an. Die DIN 5008 schreibt vor, Beginn und Ende einer Aufzählung vom übrigen Text durch eine Leerzeile zu trennen. Chronologische (zeitliche) Abfolgen oder hierarchisch (Hierarchie = Rangfolge/Reihenfolge) gegliederte Fakten können auch gut durch Nummerierungen dargestellt werden.

Zu lang sollte eine Liste allerdings nicht werden. Mehr als sieben Punkte werden in der Regel nicht auf Anhieb behalten. Der erste und der letzte Punkt sind besonders markant, sie bleiben am ehesten

Gliedern Sie Ihren Text gut

im Gedächtnis haften. Achten Sie also darauf, dass die wichtigsten Sachverhalte entweder zu Beginn oder am Schluss stehen sollten.

.. bestellen wir hiermit:

- 2 Unterschränke „Timo 60" zu je 25,80 EUR
- 1 Unterschrank „Timo 80" zu je 38,40 EUR
- 1 Hängeschrank „Laura 60" zu je 31,80 EUR

Die Gestaltung der äußeren Form sollte die inhaltlichen Aussagen unterstützen. Kontrollieren Sie, bevor Sie Ihren Brief oder Ihre E-Mail abschicken, noch einmal, ob Absatzgestaltung und Hervorhebungen gut gestaltet sind.

Um eine bedeutsame Aussage, beispielsweise eine Termin- oder Ortsangabe, besonders herauszustellen, kann man sie zentrieren, also wie eine Überschrift in die Mitte setzen. Laut DIN 5008 sollten Sie vor und nach dieser Textpassage eine Leerzeile setzen. Zum Hervorheben von wichtigen Informationen eignet sich der Fettdruck.

Kommen Sie bitte am 20.09. in unsere Personalabteilung:

Helen-Keller-Weg 19, 23554 Lübeck

Bei einer mehrzeiligen Angabe wird eher eingerückt, also mit etwas Abstand zum linken Rand geschrieben.

Daher laden wir Sie herzlich zu einem Empfang ein:

am 31. Oktober 2024
von 17:00 bis 20:00 Uhr

Gliedern Sie Ihren Text gut

Versuchen Sie zu vermeiden, dass Absätze nur aus einer Zeile bestehen, das wirkt wie eine Schlagzeile. Steht dort noch ausgerechnet etwas Negatives, fällt es direkt ins Auge.

> Eine gute Neuigkeit wird durch die negative Schlagzeile, die z. B. Preiserhöhungen mitteilt, in ihrer Wirkung beeinträchtigt:
>
> „In unserem Hause wurden Umstrukturierungen vorgenommen. Das bedeutet für Sie: Die Lieferbedingungen verbessern sich, die Aufträge können deutlich schneller bearbeitet werden.
>
> Leider müssen wir auch die Preise geringfügig erhöhen."

Eine ähnlich starke Wirkung hat es, wenn nur ein einzelnes Wort nach einem Zeilenumbruch folgt. Achten Sie darauf, dass Sie auf diese Weise keine negativen Aufhänger erzeugen.

> **Beispiel:**
>
> „Diese Maschinen konnten sich Privatpersonen noch vor einigen Jahren gar nicht leisten, heutzutage sind sie gar nicht mehr teuer."
>
> Obwohl diese Aussage positiv ist, weckt sie negative Gefühle, denn das „teuer" am Beginn der neuen Zeile sticht zuerst ins Auge.

Gliedern Sie Ihren Text gut

Das Briefende

Das Briefende ist besonders wichtig, denn es wird oft zuerst gelesen und entscheidet möglicherweise darüber, ob der Brief überhaupt für lesenswert gehalten wird.
Das Ende des Briefes bleibt dem Empfänger im Gedächtnis haften, überlegen Sie daher, welche Wirkung Sie gerne hinterlassen möchten.

Als Themen bieten sich gute Wünsche oder der Verweis auf eine gute, gemeinsame Zukunft an. Passend ist auch ein selbstbewusster Ausblick auf die eigene Arbeit. Mit Aufforderungen oder Fragen wird der Empfänger dazu angeregt, den Kontakt in Gang zu halten.

> **Briefe und E-Mails beenden**
>
> - Viel Erfolg für Ihr neues Projekt.
> - Ich wünsche Ihnen einen schönen und erholsamen Urlaub.
> - Ich freue mich auf unser nächstes Treffen in Lübeck.
> - Wir freuen uns auf eine angenehme Fortsetzung unserer langjährigen Geschäftsbeziehung.
> - Wir freuen uns auf eine gute Zusammenarbeit mit Ihnen.
> - Auf die gemeinsame Tagung mit Ihnen freuen wir uns.
> - Ich bin sicher, dass Ihnen unsere Entwürfe gefallen werden.
> - Wir werden Ihren Auftrag schnell und sorgfältig erledigen.
> - Wie gefällt Ihnen unser Vorschlag? Bitte melden Sie sich.
> - Bitte rufen Sie in der nächsten Woche Frau Treger an.

Gerade, wenn Sie noch nicht viel Übung im Schreiben haben, werden Sie sich mit dem Formulieren sicher manchmal schwer tun. Wenn Ihnen so gar nichts einfallen will, schreiben Sie erst einmal einfach „drauflos". Manchmal ist es dabei hilfreich zu überlegen, wie Sie das Ganze dem Empfänger mündlich mitteilen würden. Schreiben Sie in

Gliedern Sie Ihren Text gut

einer ersten Fassung nieder, was Ihnen einfällt und verbessern Sie den Text dann in weiteren Durchgängen. Das ist wesentlich erfolgreicher, als sich von Anfang an das Hirn zu zermartern, um druckreife Formulierungen zu finden. Eine große Hilfe kann eine Mustersammlung von Textbausteinen sein. Sammeln Sie gute Formulierungen, vielleicht nach Textsorten geordnet, in einer Datei, aus der Sie sie immer wieder kopieren und abwandeln können.

Clevere Tipps:

- ✓ Überlegen Sie zuerst: Was will ich mit meinem Brief erreichen? Welche Ziele verfolge ich?
- ✓ Machen Sie bei langen/komplizierten Briefen vorher eine Stichwortliste.
- ✓ Formulieren Sie den Betreff aussagekräftig und informativ.
- ✓ Beginnen Sie möglichst positiv.
- ✓ Bemühen Sie sich um eine sinnvolle, logische Reihenfolge.
- ✓ Nutzen Sie verschiedene Möglichkeiten, um inhaltlich zu strukturieren: Gliederungswörter, Ankündigungen mit Doppelpunkt, Fragen und Aufzählungspunkte.
- ✓ Unterstützen Sie die inhaltlichen Aussagen durch Absatzgestaltung und Fettdruck-Hervorhebungen.
- ✓ Nutzen Sie den Briefschluss für angenehme Mitteilungen.
- ✓ Versuchen Sie nicht, auf Anhieb alles perfekt zu formulieren.
- ✓ Legen Sie sich eine Sammlung von gelungenen Formulierungen an.

3

Schreiben Sie empfängerorientiert

Schreiben Sie empfängerorientiert

Freundschaftliche und langfristige Beziehungen zu Kunden und Geschäftspartnern werden durch empfängerorientierte Briefe unterstützt. Das Wichtigste dabei ist, sich in den Leser hineinzuversetzen.

Als Erstes sollten Sie sich überlegen, mit wem Sie es überhaupt zu tun haben.

- Welche Bedürfnisse und Ziele hat der Leser?
  Was erwartet er von Ihnen?

- Was weiß er über den entsprechenden Sachverhalt?
  Wie sind seine fachlichen Kompetenzen?
  Wie groß ist sein Aufgabengebiet?

- Welche Ausbildung hat er?
  Wie sind seine sprachlichen Fähigkeiten?
  Wo steht er beruflich?

Die Art, wie Sie welche Informationen präsentieren, muss dem Wissens- und Erfahrungshorizont des Lesers angepasst sein.

Natürlich haben Sie nicht immer die Möglichkeit, Informationen über den Leser zu besorgen, und es kann auch passieren, dass der eigentlich vorgesehene Empfänger gerade im Urlaub ist und eine Kollegin Ihren Brief bearbeitet. Trotzdem ist es immer sinnvoll, den Text zunächst aus der Position des Empfängers zu betrachten. Damit begeben Sie sich in eine andere, aufmerksamere Schreibhaltung.

Schreiben Sie empfängerorientiert

Briefe beantworten

Das gründliche Lesen eines Briefes ist die wichtigste Voraussetzung für einen guten Antwortbrief. Das ist nicht so einfach und selbstverständlich wie es klingt. Wir alle nehmen Informationen selektiv auf; das heißt, wir lesen oder hören das heraus, was wir für wahrscheinlich halten und was wir erwarten. Bei komplizierten Briefen kann es auch sinnvoll sein, die wichtigsten Punkte aufzuschreiben. Fassen Sie für sich zusammen: Welche Informationen gibt der Schreiber, welche Reaktionen erwartet er, welche Fragen hat er?

> **Der eigene Name**
>
> Zu den Informationen über den Ansprechpartner gehört auch der Name. Der eigene Name gehört für die meisten Menschen zu den wichtigsten Worten, und viele nehmen es (vielleicht auch nur unbewusst) übel, wenn er falsch geschrieben ist. Hier sollte also kein Fehler gemacht werden.
>
> Nennen Sie in der Anschrift auch den Vornamen. Das ist insbesondere bei häufigen Nachnamen zu empfehlen. Menschen, die „Meier" oder „Schmidt" heißen, haben oft unter Verwechslungen zu leiden, außerdem spart es Zeit, wenn z. B. die Poststelle in einem großen Unternehmen direkt weiß, welche Frau Meier gemeint ist.

Schreiben Sie empfängerorientiert

Wir oder Sie?

Nutzen Sie das Wörtchen „Sie"! Mit dem Gebrauch dieses Wortes wird signalisiert, dass der Leser im Mittelpunkt steht. Um ihn geht es, er wird mit dieser Formulierung direkt angesprochen. Natürlich gibt es auch Situationen, in denen der Schreiber zwangsläufig das Wort „wir" oder „ich" verwenden muss, einfach weil von ihm selbst bzw. der Firma die Rede ist

- Ich fahre erst am Mittwoch nach Leipzig.
- Wir stellen diese Maschinen nicht mehr her.

Häufig aber wird eher aus Gewohnheit „wir", „ich" oder auch „man" geschrieben. Wenn Sie gezielt versuchen, das Wort „Sie" zu benutzen, trainieren Sie zugleich, die Dinge aus der Position des Empfängers zu sehen.

Schreiben Sie empfängerorientiert

„Sie" statt „wir"

☹ Wir benötigen …
☺ Sie bieten … an.

☹ Wir senden Ihnen in den nächsten Tagen Werbematerial zu.
☺ Sie erhalten in den nächsten Tagen Werbematerial von uns.

☹ Wir bedanken uns für Ihren Hinweis.
☺ Sie haben uns mit Ihrem Hinweis viel Arbeit erspart.
   Herzlichen Dank!

☹ Wir konnten die Ware nicht rechtzeitig liefern, weil …
☺ Sie konnten die Ware nicht rechtzeitig erhalten, weil …

☹ Wir verkaufen das Produkt seit Jahren sehr erfolgreich.
☺ Testen Sie das Produkt. Sie werden feststellen …

☹ Bezüglich der Bestellung muss noch eine Abklärung mit der für Sie zuständigen Sachbearbeiterin, Frau Atalay, folgen.
☺ Bitte klären Sie die Einzelheiten der Bestellung mit unserer Sachbearbeiterin, Frau Atalay, ab.

Für den Leser ist nicht wichtig, was Sie wissen und können und welche Arbeit Sie vielleicht schon in einer bestimmten Angelegenheit getan haben. Für den Leser ist nur wichtig, ob seine Fragen geklärt und seine Wünsche erfüllt werden können und was er dazu tun kann. Er ist an konkreten und schnellen Ergebnissen interessiert.

Schreiben Sie empfängerorientiert

Positive Einstellung

Der Empfänger steht also im Mittelpunkt einer partnerschaftlichen Kommunikation. Das bedeutet oft auch ein Umdenken in der eigenen Einstellung. Wie wird der Kunde, wie die Arbeit gesehen? Ist es einfach nur nervtötend, dass dieser Kunde schon wieder etwas will? Ist die liegen gebliebene Post nur ein Haufen unangenehmer Arbeit, der möglichst schnell verschwinden soll? Kundenorientierung muss im Kopf beginnen. Überprüfen Sie Ihre eigene Haltung und erarbeiten Sie sich eine positive und optimistische Einstellung zur Arbeit und zu Ihren Briefpartnern. Es ist Ihre Entscheidung, ob Sie eine ausstehende Antwort als lästige, überflüssige Arbeit oder als Herausforderung an Ihre Fähigkeiten empfinden.

Positiv zu formulieren bedeutet nicht, Sachverhalte zu beschönigen oder zu vertuschen. Man kann viele Dinge aus unterschiedlichen Blickwinkeln betrachten. Positiv formulieren heißt mitdenken und überlegen, wie man einer Sache etwas Positives abgewinnen kann. In vielen Fällen hilft die Frage weiter: Was können wir als Unternehmen für den Leser des Briefes tun, welche Alternative können wir anbieten? Häufig ist eine ablehnende Aussage auf die Gegenwart bezogen und kann mit einem Verweis auf die Zukunft ins Positive gewendet werden.

Schreiben Sie empfängerorientiert

Positive Formulierungen

☹ Ihre Angaben sind lückenhaft.
☺ Bitte senden Sie uns noch folgende Informationen zu:

☹ Über das Prüfungsergebnis können wir Sie noch nicht informieren.
☺ Sie erhalten das Prüfungsergebnis in etwa 2 Wochen.

☹ Unsere Untersuchung ist noch nicht abgeschlossen.
☺ Unsere Untersuchung ist bis zum Monatsende abgeschlossen. Danach erhalten Sie sofort das Ergebnis.

☹ Leider können wir Ihnen dazu keine genauen Informationen liefern.
☺ Bitte richten Sie Ihre Anfrage an …

Aus der Werbepsychologie ist bekannt, dass die Menschen bestimmte Wörter gerne hören und lesen; logischerweise Wörter, die mit angenehmen, erfreulichen Dingen und Erfahrungen verbunden sind. Achten Sie selbst einmal darauf, wie häufig in Reklametexten solche positiven Reizwörter vorkommen. Aber auch einen trockenen Geschäftsbrief kann man hin und wieder mit schönen Begriffen auflockern.

Schreiben Sie empfängerorientiert

Beispiele für positive „Reizworte"

- anerkannt
- einfach
- erfolgreich
- garantiert
- gern
- gratis
- günstig
- gut
- kostenlos
- kundenorientiert
- modern
- neu
- nützlich
- praktisch
- preiswert
- schnell
- stabil
- wertvoll
- wirkungsvoll
- zuverlässig
- Einsparung
- Erfolg
- Fakten
- Freude
- Gewinn
- Glück
- Ideen
- Kompetenz
- Sicherheit
- Vergnügen

☹ Bei Fragen rufen Sie uns bitte an.
☺ Ihre Fragen beantworten wir Ihnen gern. Rufen Sie an.

☹ Wir erwarten Ihre(n) Anruf/Nachricht/Auftrag.
☺ Wir freuen uns auf Ihre(n) Anruf/Nachricht/Auftrag.

☹ In einem Gespräch kann die Anpassung des Programms für Ihre Anwendungen abgeklärt werden.
☺ Gerne zeige ich Ihnen in einem Gespräch auf, wie das Programm für Ihre Anwendungen angepasst werden kann.

☹ Wir danken Ihnen für die gute Zusammenarbeit.
☺ Die Zusammenarbeit mit Ihnen war uns ein Vergnügen.

Schreiben Sie empfängerorientiert

Dass auch der eigene Name zu solchen angenehmen Wörtern gehört, wurde schon eben angesprochen.

Vielleicht kennen Sie auch Werbebriefe, in denen etwas dick aufgetragen wird. Da steht dann hinter jedem dritten Satz „… liebe Frau Schubert". Das wirkt auf die meisten Leute eher aufdringlich. Genauso sollte man natürlich auch andere positive Reizworte dosiert einsetzen.

Freundlichkeit

Höfliche Worte sind kleine Gesten, mit denen man eine gute Beziehung zum Briefpartner aufbaut und aufrecht erhält. Dazu gehört, dass man sich für erbrachte Leistungen angemessen (nicht übertrieben) bedankt. Man kann natürlich einfach schreiben: „Vielen Dank für Ihren Brief". Aber genau genommen ist der Brief nur ein Stück Papier, und es ist deutlicher und würdigt die Arbeit des anderen besser, wenn man sich gezielt für bestimmte Handlungen oder Inhalte bedankt. Was genau hat der andere für Sie getan, wofür sind Sie ihm Dank schuldig?

Sich bedanken

- Vielen Dank für Ihre Zusammenfassung / Ihre Beurteilung / Ihre Vorschläge.
- Für die schnelle Zusendung der Unterlagen vielen Dank.
- Vielen Dank, dass Sie sich für unser Gespräch Zeit genommen haben.
- Ihre Wegbeschreibung war sehr hilfreich, vielen Dank.

Schreiben Sie empfängerorientiert

Und wie formuliert man höflich und positiv, wenn es um unangenehme Sachverhalte, wie beispielsweise Mahnungen und Reklamationen geht?

Erst einmal ist es wichtig, den Schreiber ernst zu nehmen. Was auch immer er bemängelt, er fühlt sich ungerecht behandelt und will seinem Ärger Luft machen. Sie bauen ihm eine Brücke, wenn Sie zunächst kurz und sachlich zusammenfassen, was der Kunde genau bemängelt. Damit zeigen Sie, dass Sie sich gründlich mit seinem Anliegen auseinandergesetzt haben. Stellen Sie dann die Lage aus Ihrer Sicht dar, sachlich und ohne Schuldzuweisungen. Lassen Sie sich nicht zu Schutzbehauptungen hinreißen: „Bisher hat sich kein anderer Kunde beschwert." Damit verärgern Sie den Kunden nur noch mehr. Auch wenn Sie vielleicht genervt oder wütend sind, bleiben Sie sachlich und höflich.

Wenn der Fehler wirklich bei Ihnen gelegen hat, dann ist es am besten, offen und ehrlich das Versehen einzugestehen und sich zu entschuldigen. Verstecken Sie sich dabei nicht hinter unpersönlichen Formulierungen, sondern sagen Sie direkt wie es ist. Schreiben Sie nicht: „Es wurde leider übersehen …", sondern „Wir haben leider übersehen …". Es kann durchaus angebracht sein, den Grund für die Panne zu nennen, seien Sie aber zurückhaltend damit, die Schuld anderen in die Schuhe zu schieben.

Es ist auch nicht nötig zu übertreiben.

☺ Es tut uns außerordentlich leid …
☺ Zu unserem allergrößten Bedauern ….

Wir sind alle nur Menschen und jeder Mensch darf einen Fehler machen.

Schreiben Sie empfängerorientiert

Sich entschuldigen

- Bitte entschuldigen Sie die verspätete Zusendung/diese Panne.
- Sie haben recht: Bitte entschuldigen Sie unseren Fehler.
- Für diesen Fehler entschuldige ich mich bei Ihnen im Namen der Firma.

Clevere Tipps:

✓ Lesen Sie Briefe, auf die Sie antworten, sorgfältig durch.

✓ Formulieren Sie positiv und höflich.

✓ Nutzen Sie das Wörtchen „Sie", beziehen Sie den Leser mit ein.

✓ Bedanken und entschuldigen Sie sich angemessen.

✓ Vermeiden Sie Übertreibungen, reden Sie nichts schön.

✓ Lesen Sie Ihren Brief zum Schluss noch einmal laut durch und versetzen Sie sich dabei bewusst in die Lage des Empfängers.

Notizen

4

Schreiben Sie verständlich und kurz

Schreiben Sie verständlich und kurz

Natürlich ist es eines der ersten Ziele, dass der Leser überhaupt versteht, was Sie ihm mitteilen wollen. Es gibt Briefe, die man dreimal durchlesen muss, um zu begreifen, worum es überhaupt geht. So etwas liest kein Mensch gerne. Der Empfänger muss sich mit einem unverständlichen Brief viel intensiver auseinandersetzen, er muss beispielsweise Worte oder Sachverhalte nachschlagen, Zusammenhänge herstellen, Dinge in die richtige Reihenfolge bringen. Denken Sie also für den Leser mit und nehmen Sie ihm jede unnötige Anstrengung ab, indem Sie einen gut verständlichen Brief schreiben.

Fachbegriffe und Abkürzungen

Die Verständlichkeit beginnt mit der Verwendung der richtigen Wörter. Kennt der Empfänger die benutzten Ausdrücke? Fremdwörter und Fachbegriffe können nützlich sein, um Dinge treffend zu beschreiben. Manche Leute verwenden gerne Fremdwörter, um besonders kompetent zu erscheinen. Für den Leser ist nicht wichtig, was Sie können. Für den Leser ist wichtig, dass er mit möglichst wenig Aufwand seine Ziele erreicht. Gerade Fremdwörter aus dem Englischen sind sehr verbreitet, allerdings sicher nicht immer sinnvoll.

Schreiben Sie verständlich und kurz

Besser auf Deutsch?

• canceln	→ absagen
• Celebrities	→ Berühmtheiten
• Challenge	→ Herausforderung
• cheaten	→ schummeln, betrügen
• Commitment	→ Selbstverpflichtung
• Content	→ Inhalt
• Incentiv	→ Anreiz
• Learning success	→ Lernerfolg
• matchen	→ passen
• Mindset	→ Einstellung, Haltung
• Overload	→ Überlastung
• Performance	→ Darstellung
• Pitfalls	→ Fallstricke
• random	→ zufällig
• Refresh	→ Aktualisierung
• safe	→ sicher
• Slides	→ Folien
• Speaker	→ Redner
• Usability	→ Benutzerfreundlichkeit
• Workaround	→ Abhilfe, Problemumgehung
• Workflow	→ Arbeitsablauf

Schreiben Sie verständlich und kurz

Nicht nur Fremdwörter können Probleme bereiten, manchmal sind auch deutsche Fachbegriffe ungeläufig. Im Zweifelsfall sollten Sie solche Ausdrücke einfach kurz erklären.

Ein ähnliches Problem stellen Abkürzungen dar. Fachbezogene Abkürzungen sind oft nicht allgemein bekannt, hinzu kommen falsche oder unterschiedlich verwendete Abkürzungen. Überlegen Sie sich, wie es dem Leser ergeht. Weiß er, wovon Sie schreiben?

Es kommt hinzu, dass Abkürzungen den Lesefluss unterbrechen und allein deshalb vermieden werden sollten. Mit den Abkürzungen Hr. oder Fr. wird jeweils nur ein Anschlag gespart, das lohnt sich nicht.

Natürlich gibt es auch durchaus praktische Abkürzungen, die das Leben erleichtern. Statt dreimal im Brief vom Bundesamt für Wirtschaft und Ausfuhrkontrolle zu reden, kann man einfacher vom BAFA sprechen. Nun mag das noch allgemein geläufig sein, aber viele Institutionen, Vereine oder Gesetzestexte sind nur in Fachkreisen bekannt. Sicherer ist es immer, die jeweilige Abkürzung beim ersten Auftauchen im Text zu erklären. Lieber einmal zu viel als einmal zu wenig. Denken Sie daran, dass zwischen mit Punkt abgekürzten Buchstaben, die ein Wort ersetzen, wie z. B., ein Leerzeichen stehen muss.

Schreiben Sie verständlich und kurz

Häufige Abkürzungen

Abs.	Absender/Absatz
Abt./Abtlg.	Abteilung
Anm.	Anmerkung
a. D.	außer Dienst
AG	Aktiengesellschaft
AGB	Allgemeine Geschäftsbedingungen
Anh.	Anhang
Anl.	Anlage
Az., AZ	Aktenzeichen
Bd.	Band
BGB	Bürgerliches Gesetzbuch
BGB-Gesellschaft	Gesellschaft bürgerlichen Rechts
bzw.	beziehungsweise
dgl.	dergleichen
d. J.	des Jahres / dieses Jahres
DSGVO	Datenschutz-Grundverordnung
ESt	Einkommensteuer
EstG	Einkommensteuergesetz
GewO	Gewerbeordnung
GewSt	Gewerbesteuer
GewStG	Gewerbesteuergesetz
GG	Grundgesetz
GrSt	Grundsteuer
ggf.	gegebenenfalls

Schreiben Sie verständlich und kurz

GmbH	Gesellschaft mit beschränkter Haftung
GmbH & Co. KG	Gesellschaft mit beschränkter Haftung und Compagnie Kommanditgesellschaft
HGB	Handelsgesetzbuch
HRA/HRB	Handelsregister Abt. A bzw. B
i. A.	im Auftrag
i. V.	in Vertretung / in Vollmacht
KG	Kommanditgesellschaft
KGaA	Kommanditgesellschaft auf Aktien
KSt	Körperschaftsteuer
KStG	Körperschaftsteuergesetz
KW	Kalenderwoche
MwSt	Mehrwertsteuer
pp./ppa.	per procura
o. a.	oben angeführt
o. g.	oben genannt
USt	Umsatzsteuer
UStG	Umsatzsteuergesetz
WZ, Wz	Warenzeichen

Schreiben Sie verständlich und kurz

Überflüssiges weglassen

Verständliche Texte sind kürzer, weil sie auf überflüssigen, verwirrenden Ballast verzichten. Das wirkt sich auch auf Zeit, Arbeitsmaterial und damit auf die Kosten positiv aus.

Überlegen Sie, ob eine Bemerkung überhaupt sinnvoll ist.

Einige Beispiele:

☹ Wir haben Ihre Reklamation gründlich geprüft und sind zu dem Ergebnis gekommen, dass die gelieferte Ware teilweise fehlerhaft war.

Die Reklamationen werden doch immer gründlich geprüft. Einfacher könnte man schreiben:

☺ Sie haben Recht, die gelieferte Ware war teilweise fehlerhaft.

☹ Wie Sie sicher wissen, beträgt die Garantiezeit 2 Jahre.

Wenn der Leser es sicher weiß, braucht man es nicht zu schreiben. Gemeint ist meistens genau das Gegenteil, man will den Leser genau darauf aufmerksam machen:

☺ Wichtiger Hinweis: Die Garantiezeit beträgt 2 Jahre.

☹ Bitte benachrichtigen Sie mich rechtzeitig, falls Sie den Termin nicht einhalten können.

Häufig kann ein solcher Satz ganz wegfallen. Gerade bei gut bekannten Briefpartnern ist das eine Selbstverständlichkeit.

Schreiben Sie verständlich und kurz

Weit verbreitet ist die Angewohnheit, Sätze mit sogenannten Vorreitern zu beginnen. In vielen Fällen kann man sich solche Einleitungen sparen.

Beliebte Vorreiter

- Der guten Ordnung halber bestätigen wir...
- In diesem Zusammenhang verweisen wir darauf...
- Hierzu möchten wir anmerken...
- Ich habe nunmehr festgestellt...
- Ich mache Sie darauf aufmerksam...
- Ich teile Ihnen hiermit mit...
- Vorsorglich weise ich darauf hin...

Schreiben Sie verständlich und kurz

Auch überflüssige Vorsilben und unnötig lange Ausdrücke machen Texte oft länger und unverständlicher.

• abändern	→ ändern
• abklären	→ klären
• absenken	→ senken
• anmieten	→ mieten
• ansteigen	→ steigen
• überbringen	→ bringen
• übersenden	→ senden

• auf keinen Fall	→ nicht / nie
• aus diesem Grund / Anlass	→ deswegen / deshalb
• gegenwärtig / im Moment	→ jetzt / heute
• hingegen	→ aber
• in dieser Art und Weise	→ so
• in vielen Fällen	→ oft / häufig
• lediglich	→ nur
• nichtsdestotrotz	→ trotzdem
• unter Zuhilfenahme von	→ mit
• zum jetzigen Zeitpunkt	→ jetzt / heute

Schreiben Sie verständlich und kurz

Wörter oder Wortverbindungen, die ein und dasselbe zweimal sagen, gehören auch zum überflüssigen Ballast in der Geschäftspost. Man nennt sie auch „weiße Schimmel". Ein Wortteil reicht für die Aussage aus.

Überflüssige Doppelungen

• Aufgabenstellung	→ Aufgabe
• auseinander dividieren	→ dividieren
• Diagnoseerstellung	→ Diagnose
• Eigeninitiative	→ Initiative
• einzelne Details	→ Details
• entstandene Kosten	→ Kosten
• Ergebniszusammenfassung	→ Zusammenfassung/ Ergebnis
• gemachte Erfahrungen	→ Erfahrungen
• getroffene Absprache	→ Absprache
• getätigte Investition	→ Investition
• gewonnene Eindrücke	→ Eindrücke
• hinzuaddieren	→ addieren
• kompetente Experten	→ Experten
• mit einbeziehen	→ einbeziehen
• neu renoviert	→ renoviert
• persönlich anwesend	→ anwesend
• Telefonanruf	→ Anruf
• überwiegende Mehrheit	→ Mehrheit

Schreiben Sie verständlich und kurz

• vorgenommene Änderungen	→ Änderungen
• weiter fortfahren	→ fortfahren
• wichtige Meilensteine	→ Meilensteine
• Zukunftsprognose	→ Prognose
• zurückerinnern	→ erinnern

Klarer, einfacher Satzbau

Aus der Gedächtnispsychologie ist bekannt, dass unser Gehirn nur etwa sieben Informationen auf einmal aufnehmen und im Kurzzeitgedächtnis speichern kann. Deshalb sollte man nicht zu viele Informationen in einen Satz packen. Die Faustregel lautet: nur ein Hauptgedanke für einen Satz. Das soll Sie allerdings nicht dazu anleiten, nur kurze Sätze aneinanderzureihen.

Achten Sie bei langen Sätzen darauf, dass sie logisch und klar strukturiert sind. Vermeiden Sie Schachtelsätze mit vielen Einschüben. Wichtiges sollte am Satzanfang stehen und nicht in einem Nebensatz untergebracht werden.

Schreiben Sie verständlich und kurz

Satzbau

☹ Leider müssen wir Ihnen mitteilen, dass wir Ihre Reklamation, die wir ausführlich geprüft haben, nicht akzeptieren können, weil unsere Ausgangskontrolle, die auch dokumentiert wurde, bestätigt hat, dass alle Kisten in einwandfreiem Zustand abgeschickt wurden und die Ware daher beim Transport beschädigt sein worden muss.

☺ Ihre Reklamation können wir leider nicht akzeptieren. Die Kisten wurden laut dokumentierter Ausgangskontrolle in einwandfreiem Zustand abgeschickt. Die Ware muss daher beim Transport beschädigt worden sein.

☹ Bitte teilen Sie uns mit, ob es ausreicht, wenn wir Ihnen unsere Vorschläge schriftlich zukommen lassen oder ob Herr Sidorov mit Ihnen persönlich sprechen soll.

☺ Wünschen Sie von uns ein schriftliches Konzept oder soll Herr Sidorov persönlich mit Ihnen sprechen?

☹ Wir bitten Sie, die Lieferbedingungen, die wir vereinbart haben, unbedingt einzuhalten.

☺ Bitte halten Sie die Lieferbedingungen ein.

☹ Sollten Sie noch Fragen haben, stehen wir Ihnen gerne unter zur Verfügung.

☺ Haben Sie noch Fragen? Dann rufen Sie mich an.

Schreiben Sie verständlich und kurz

> ☹ Um Ihnen jetzt schon eine Möglichkeit zu geben, sich eine Vorstellung von dem Bedienungshandbuch zu machen, schicken wir Ihnen einen Vorabdruck.
> ☺ Sie erhalten von uns einen Vorabdruck des Bedienungshandbuchs. So können Sie sich jetzt schon eine Vorstellung davon machen.
>
> ☹ Wir kommen nicht umhin, Frau López zu informieren.
> ☺ Wir müssen Frau López informieren.

Positive Formulierungen

Positive Formulierungen werden schneller verstanden und besser behalten als negative. Der durchschnittliche Leser braucht fast doppelt soviel Zeit, um eine verneinende Aussage zu verstehen. Klar, dafür muss er ja sozusagen „um die Ecke denken". Versuchen Sie daher, Ihre Aussagen gerade zu formulieren und meiden Sie die doppelte Verneinung.

- nicht unklug → klug
- unweit von → nah
- nicht unvermeidbar → vermeidbar
- keine schlechte Idee → eine gute Idee
- nicht uninteressant → interessant

> ☹ Ich schreibe die Provision nicht gut, bevor die Rechnung nicht bezahlt wurde.
>
> ☺ Ich schreibe die Provision gut, sobald die Rechnung bezahlt wurde.

Schreiben Sie verständlich und kurz

Häufig spielen in der Geschäftskorrespondenz Zeitangaben eine wichtige Rolle. Auch hier gilt die Empfehlung, die Dinge möglichst konkret und direkt auszudrücken. Einige Beispiele:

Konkrete Zeitangaben

- ☹ ... wird noch einige Zeit in Anspruch nehmen.
- ☺ ... dauert voraussichtlich bis zum 13.09.

- ☹ in Kürze/bald
- ☺ in den nächsten Tagen, in der nächsten Woche, noch diesen Monat, in der 33. KW, am 17. August.

- ☹ Leider können wir Ihnen das Untersuchungsergebnis noch nicht mitteilen.
- ☺ Sie bekommen das Untersuchungsergebnis Ende nächster Woche.

- ☹ schnelle Lieferung
- ☺ Wir liefern innerhalb von 24 Stunden.

- ☹ lange Pause
- ☺ Pause von 2 Stunden

Schreiben Sie verständlich und kurz

Manchmal ist es vielleicht nicht möglich, eine genaue Aussage zu machen. Dann kann man sich mit einem „voraussichtlich" behelfen. Damit legt man sich nicht so ganz fest und zeigt dennoch eine deutliche Tendenz auf. Psychologisch ungeschickt sind hier Verben wie bemühen oder versuchen, das wirkt unsicher und ausweichend.

> ☹ Wir bemühen uns/wir versuchen, die Untersuchung in der nächsten Woche abzuschließen.
>
> ☺ Wir werden die Untersuchung voraussichtlich in der nächsten Woche abschließen.

Clevere Tipps:

✓ Verwenden Sie geläufige Wörter und Abkürzungen, fügen Sie gegebenenfalls Erklärungen hinzu.

✓ Verständliche Texte sind oft kürzer: Überlegen Sie, welche Informationen oder Formulierungen überflüssig sind.

✓ Verzichten Sie möglichst auf Wiederholungen und Füllwörter

✓ Vermeiden Sie komplizierte, verschachtelte Sätze. Die Faustregel lautet: Ein Hauptgedanke pro Satz.

✓ Schreiben Sie direkt und konkret, machen Sie möglichst genaue Zeitangaben.

Notizen

5

Schreiben Sie klar und floskelfrei

Schreiben Sie klar und floskelfrei

Darüber, was guter Stil ist, kann man lange streiten. Anders als in der Mathematik, wo 1+1 eindeutig 2 ergibt, gibt es beim Schreiben kein eindeutiges Ergebnis. Jeder Mensch hat einen anderen Erfahrungshintergrund, andere Vorlieben und Wertungen. Und so wird es immer Leute geben, die ein und denselben Brief unterschiedlich beurteilen. Der eine mag z. B. die Anrede „Guten Tag" im Brief als freundlich und zeitgemäß empfinden, für einen anderen ist sie unpassend. Damit muss man immer leben. Letztlich müssen Sie natürlich selbst entscheiden, welche Formulierung – für den jeweiligen Empfänger, die jeweilige Schreibsituation – die beste ist.

Wichtig ist, dass der Stil dem Unternehmen entspricht, dass er zu den Produkten oder Dienstleistungen, die angeboten werden, passt.

Vermeiden Sie Papierdeutsch

Ein Text liest sich im Allgemeinen am besten, wenn er der gesprochenen Sprache nahe kommt. Also, möglichst unverkrampft, aber natürlich trotzdem in korrekter Sprache schreiben. Meiden Sie sogenannte Papierwörter, also Wörter, die man nicht spricht, die nur in geschriebenen Texten vorkommen. Allerdings sollten Sie nicht schlampig werden, verwenden Sie bitte keine Umgangssprache, das wirkt unsachlich (z. B. Wörter wie abgefahren, krass, weird, lost).

Noch vor einigen Jahren war es allgemein üblich, Geschäftsbriefe mit der Schlussformel „Hochachtungsvoll" zu beenden. Diese Schlussformel ist mittlerweile völlig „ausgestorben". So ergeht es vielen Wendungen, die noch vor zehn oder zwanzig Jahren in der Geschäftskorrespondenz weit verbreitet waren.

Im Folgenden finden Sie einige solcher veralteten Wörter und Floskeln, die man ab und zu noch in Briefen oder E-Mails liest und auf die Sie gut verzichten können.

Schreiben Sie klar und floskelfrei

Vermeiden Sie veraltete und umständliche Ausdrücke

- abschlägiger Bescheid
- anlässlich
- antwortlich Ihres Briefes
- baldmöglichst/baldigst
- beigefügt erhalten Sie
- Bezug nehmend auf
- bitte ich Sie höflichst
- darf ich Sie bitten
- diesbezüglich
- ich erlaube mir
- Ihrer Antwort mit Interesse entgegensehend
- im Nachgang zum o. g. Auftrag
- in Beantwortung Ihres o. a. Schreibens
- in der Anlage finden Sie
- in der Hoffnung, Ihnen hiermit gedient zu haben
- in Erledigung Ihres Briefes
- in Erwartung Ihrer Rückantwort
- seitens
- stehe ich Ihnen zur Verfügung
- verbleiben wir
- zwecks

Schreiben Sie klar und floskelfrei

Der Konjunktiv

Der Konjunktiv, auch Möglichkeitsform genannt, beschreibt sprachwissenschaftlich etwas Ungewisses, Unwirkliches, etwas, das zwar möglich, aber nicht sicher ist. Meist erkennt man den Konjunktiv an den Wörtern „würden", „hätten", „wären". In vielen Geschäftsbriefen wird diese Form gewählt, weil sie als höflich gilt. Man kann sich ein bisschen dahinter verstecken, weil die Aussage durch den Konjunktiv abgeschwächt wird, sie lässt die Dinge noch offen. Ein moderner Schreibstil arbeitet eher mit der sogenannten Wirklichkeitsform (dem "Indikativ"):

☹ Wir würden uns sehr freuen, wenn wir Sie auf der Einweihungsfeier begrüßen dürften.
☺ Wir freuen uns, Sie auf unserer Einweihungsfeier begrüßen zu dürfen.

Durch sogenannte Höflichkeits-Konjunktive sollen Bitten etwas abgeschwächt werden:

☹ Dürfte ich Sie bitten, mir die Unterlagen zu schicken?
☹ Wären Sie so nett und …

Eine direkte, freundliche und höfliche Bitte führt besser zum Ziel:

☺ Bitte schicken Sie mir die Unterlagen zu.

Schreiben Sie klar und floskelfrei

Wirklichkeitsform statt Möglichkeitsform

☹ Hätten Sie Zeit, am ... zu kommen?
☺ Können Sie am ... kommen? / Kommen Sie bitte am ...

☹ Wären Sie so nett und würden uns informieren ...
☺ Bitte informieren Sie uns ...

☹ Wären Sie mit dieser Lösung einverstanden?
☺ Was halten Sie von dieser Lösung? /
Sind Sie damit einverstanden?

☹ Würden Sie die Warenproben begutachten?
☺ Bitte begutachten Sie die Warenproben.

☹ Unser Vorschlag wäre ...
☺ Unser Vorschlag:

Schreiben Sie klar und floskelfrei

Ähnlich wie beim Konjunktiv wird durch den Gebrauch des Wörtchens „möchte" eine Aussage abgeschwächt. Auch das wird von vielen Schreibern als höflicher empfunden. Inhaltlich ist das genau genommen nicht richtig, denn was jemand möchte ist nicht unbedingt das, was er auch tut.

> ☹ Wir möchten Sie bitten, uns die Unterlagen so schnell wie möglich zukommen zu lassen.
> ☺ Bitte senden Sie uns die Unterlagen so schnell wie möglich zu.
>
> ☹ Ich möchte Ihnen für Ihre weitere berufliche Zukunft alles Gute wünschen.
> ☺ Für Ihre weitere berufliche Zukunft wünsche ich Ihnen herzlich alles Gute.
>
> ☹ Ich möchte mich herzlich für die Glückwünsche bedanken.
> ☺ Herzlichen Dank für die freundlichen Glückwünsche!

Schreiben Sie klar und floskelfrei

Verben und Nomen

Verben (Tätigkeitswörter) bringen Leben und Bewegung in Ihre Texte. Viele Geschäftsbriefe zeichnen sich aber eher durch übermäßigen Gebrauch von Nomen (Substantiven, Hauptwörtern) aus. Das führt zu einem unpersönlichen, trockenen, schwer lesbaren Stil. Es klingt viel flüssiger und ist leichter verständlich, wenn man, wo möglich, mit Verben formuliert.

> **Vergleichen Sie selbst:**
>
> ☹ Wegen der Änderung unserer Sprechzeiten ...
> ☺ Unsere Sprechzeiten haben sich geändert. Deshalb ...
>
> ☹ Es besteht Handlungsbedarf.
> ☺ Es muss etwas getan werden.
>
> ☹ Bei Inbetriebnahme des Gerätes ...
> ☺ Als das Gerät angeschaltet wurde ...
>
> ☹ In dieser Sache muss eine Klärung erfolgen.
> ☺ Diese Sache muss noch geklärt werden.
>
> ☹ Zur Bearbeitung Ihres Antrages bitten wir um Einreichung folgender Unterlagen:
> ☺ Bitte schicken Sie uns folgende Unterlagen, damit wir Ihren Antrag bearbeiten können:

Bei den sogenannten Streckkonstruktionen wird ein Verb (z. B. prüfen) in ein Substantiv verwandelt (Prüfung). Da man aber einen Vorgang bzw. eine Tätigkeit ausdrücken will, muss noch ein weiteres Verb angehängt werden (Prüfung durchführen). Die auf diese Weise aufgeblähten („gestreckten") Ausdrücke lesen sich schwerfällig und sind schwer zu erfassen. Dennoch findet man sie nach wie vor häufig in der Geschäftskorrespondenz.

Schreiben Sie klar und floskelfrei

Vermeiden Sie „gestreckte Verben"

Beachtung schenken	→ beachten
Beiträge entrichten	→ bezahlen
Beschluss fassen	→ beschließen
Entscheidung treffen	→ entscheiden
Genehmigung erteilen	→ genehmigen
Gespräch führen	→ besprechen
in Abzug bringen	→ abziehen
in Augenschein nehmen	→ anschauen
in Betracht ziehen	→ beachten, berücksichtigen
in Erinnerung bringen	→ erinnern
in Kenntnis setzen	→ informieren
in Rechnung stellen	→ berechnen
Kalkulation vornehmen	→ kalkulieren
Möglichkeit schaffen	→ ermöglichen
Prüfung durchführen	→ prüfen
Rückmeldung geben	→ rückmelden
Sorge tragen	→ sorgen
Überweisung vornehmen	→ überweisen
zum Versand bringen	→ versenden
zur Abrechnung bringen	→ abrechnen
zur Auslieferung bringen	→ ausliefern

Schreiben Sie klar und floskelfrei

Die persönliche Anrede

Früher war es in Geschäftsbriefen allgemein üblich, sachlich und unpersönlich zu formulieren. Freundlicher, klarer und effektiver ist aber meistens die persönliche Ansprache.

Oft wird beispielsweise „man" statt der persönlichen Anrede verwendet. Das Verlockende an „man" ist, dass es nicht zu packen ist. „Man", das ist niemand und alle gleichzeitig. Überlegen Sie bitte selbst, durch welchen der folgenden Sätze fühlen Sie sich eher angesprochen?

> **Wer ist „man"?**
>
> ☹ Dieses Produkt wird schon seit 30 Jahren verwendet, man hat gute Erfahrungen gemacht.
> ☺ Unsere Kunden verwenden dieses Produkt schon seit 30 Jahren und haben gute Erfahrungen damit gemacht.
>
> ☹ Man war bisher mit dem Verfahren sehr zufrieden.
> ☺ Unsere Lieferanten waren mit dem bisherigen Verfahren sehr zufrieden.
>
> ☹ Dieses Gerät kann man sehr vielfältig einsetzen.
> ☺ Dieses Gerät können Sie sehr vielfältig einsetzen.
>
> ☹ Man kann damit rechnen, dass ...
> ☺ Sie können damit rechnen, dass ...

Schreiben Sie klar und floskelfrei

Ein anderer Weg, die persönliche Ansprache zu umgehen, ist die Verwendung der Passivform. Auch das Passiv ermöglicht es, die handelnden Personen in einer Aussage unter den Tisch fallen zu lassen:

„Es wurde eine interessante Präsentation vorgeführt."

Verwenden Sie, wenn es möglich ist, besser aktive Formulierungen. Sie klingen lebendiger und sind besser verständlich:

„Frau Darzi führte eine interessante Präsentation vor."

Oft werden insbesondere negative Aussagen mit dem Passiv weniger direkt ausgedrückt. Die aktive Variante klingt aber oft klarer, auch wenn es darum geht, eigene Fehler einzugestehen.

Aktiv statt Passiv

☹ Das Verfahren wurde von allen Teilnehmenden kritisiert.
☺ Alle Teilnehmenden kritisierten das Verfahren.

☹ Es wird von den Mitarbeitern erwartet, …
☺ Wir erwarten von unseren Mitarbeitern …

☹ Diese Unterlagen sind mitzubringen.
☺ Bringen Sie bitte folgende Unterlagen mit.

☹ Es wurde leider übersehen, dass die Rechnung noch nicht beglichen war.
☺ Wir haben leider versäumt, die Rechnung zu bezahlen.

☹ Die Waren konnten noch nicht geliefert werden.
☺ Wir konnten die Ware noch nicht liefern.

☹ Die Überweisung erfolgte zu Unrecht.
☺ Wir haben das Geld irrtümlich an Sie überwiesen.

Schreiben Sie klar und floskelfrei

Angebracht ist das Passiv, wenn der Handelnde unwichtig oder unbekannt ist: „Die Ausstellung wird am 31.08. eröffnet."

Allerdings kann das Passiv auch hin und wieder eine elegante Möglichkeit sein, um eine direkte Schuldzuweisung zu vermeiden. So mag es durchaus Situationen geben, in denen es günstig ist, sich diplomatisch auszudrücken.

> ☺ Die Unterlagen wurden noch nicht überprüft.
> ☹ Herr Schulz hat die Unterlagen noch nicht überprüft.
>
> ☺ Die Rechnung wurde noch nicht bezahlt.
> ☹ Sie haben unsere Rechnung noch nicht bezahlt.

Clevere Tipps

✓ Vermeiden Sie „Papierdeutsch". Überlegen Sie, wie Sie sich am Telefon ausdrücken würden.

✓ Gehen Sie sparsam mit dem Konjunktiv um.

✓ Schreiben Sie nicht „Ich möchte Ihnen gratulieren …", sondern gratulieren Sie.

✓ Verwenden Sie viele Verben und wenig Substantive.

✓ Schreiben Sie persönlich: Verwenden Sie möglichst das Aktiv und vermeiden Sie das Wörtchen „man".

6

Checkliste:
Das Wichtigste auf einen Blick

Checkliste: Das Wichtigste auf einen Blick

- **Gibt der Brief ein angenehmes Gesamtbild ab?**
  Wie ist der erste Eindruck?
  - ✓ Schriftart, Schriftgröße gut leserlich
  - ✓ korrekte Platzierung der Briefelemente wie Adresse, Betreff usw.
  - ✓ gute Verteilung des gesamten Textes auf der/den Seite(n)
  - ✓ Luft im Text (Absätze nicht zu lang, Leerzeilen zwischen den Absätzen, evtl. Auflockerung durch Aufzählungen, Hervorhebungen)

- **Ist die Zielsetzung klar erkennbar?**
  Ist der Brief inhaltlich gut gegliedert?
  - ✓ Betreff informativ und aussagefähig
  - ✓ Informationen in schlüssiger Reihenfolge
  - ✓ Hilfsmittel zur inhaltlichen Gliederung genutzt (Schlüsselwörter, Ankündigungen mit Doppelpunkt, Fragen, Aufzählungen, Hervorhebungen)
  - ✓ pro Thema ein Absatz

- **Ist der Brief empfängerfreundlich formuliert?**
  - ✓ direkte Ansprache mit dem Wörtchen „Sie"
  - ✓ positive und höfliche Ausdrucksweise
  - ✓ Briefbeginn und Briefende positiv
  - ✓ angemessene Danksagungen und Entschuldigungen
  - ✓ insbesondere bei „schwierigen" Briefen: höflicher und freundlicher Stil
  - ✓ bei Antwortbriefen: alles beachten, was im Brief des Empfängers angesprochen wurde

Checkliste: Das Wichtigste auf einen Blick

- **Ist der Brief gut verständlich?**
  - ✓ geläufige Wörter und Abkürzungen, ungeläufige Ausdrücke erklärt
  - ✓ keine überflüssigen Informationen oder Formulierungen
  - ✓ keine unnötigen Füllwörter (Wörter bzw. Phrasen, oft zu Beginn des Satzes, die keinen Beitrag zum Inhalt leisten und den Satz nur unnötig verlängern)
  - ✓ keine unnötigen Dopplungen (ein Begriff wird durch ein zusätzliches Wort oder einen Satzteil unnötig wiederholt)
  - ✓ einfache Sätze, pro Hauptgedanke ein Satz
  - ✓ direkt und konkret formuliert
- **Liest sich der Brief flüssig? Ist der Stil modern?**
  - ✓ kein „Papierdeutsch"
  - ✓ Konjunktiv nur wenn nötig
  - ✓ viele Verben, weniger Substantive
  - ✓ persönlicher Stil: Aktiv statt Passiv, „Sie" und „wir" statt „man"